AF264374

QUERIDO,

____

Que el Todopoderoso te bendiga a
ti y a tu familia.

¿Qué es la Religión?
Publicado por Hidayah Editoriales

Copyright © 2022 Hidayah Publishers

Todos los derechos reservados. Ninguna parte de este libro puede ser reproducida de ninguna manera sin el permiso del editor, excepto en los casos permitidos por la ley de derechos de autor de Estados Unidos.

ISBN: 978-1-990544-60-6

¿QUÉ ES LA RELIGIÓN?

Según la Enciclopedia Británica, la religión es la relación de los seres humanos con aquello que consideran santo, sagrado, absoluto, espiritual, divino o digno de especial reverencia. También se considera comúnmente como la forma en que las personas tratan las preocupaciones últimas sobre sus vidas y su destino después de la muerte. Los creyentes y adoradores participan en prácticas religiosas, como la oración o determinados rituales, y a menudo se les exige que las realicen. El culto, la conducta moral, la creencia correcta y la participación en instituciones religiosas son algunos de los elementos constitutivos de la vida religiosa.

Desde la perspectiva de las ciencias religiosas, se pueden mencionar algunos factores comunes a todas las religiones como:

- La creencia en criaturas sobrenaturales (como Dios, ángeles, genios y criaturas espirituales)
- Separación de lo sagrado y lo mundano
- Culto, rituales y ceremonias
- Tradiciones escritas o no escritas (libro sagrado, código moral de leyes)
- Emociones relacionadas con los seres sobrenaturales y lo sagrado (como el miedo, la confianza, los secretos, la pecaminosidad, la adoración, la devoción)

- Conexión con lo sobrehumano (por vías y medios como la revelación, los Profetas, la oración, la súplica y la inspiración)
- Opinión sobre este mundo y el hombre, y la vida y el más allá
- Orden de vida
- Grupo social (comunidad) y pertenencia a un grupo

CONCEPTO ISLÁMICO DE LA RELIGIÓN

Todas las ramas del conocimiento relacionadas con la religión han definido la religión desde su propia perspectiva. Al describir la religión, los eruditos musulmanes explicaron la verdadera religión como "La religión es una ley divina que permite a las personas con inteligencia alcanzar la bondad y la felicidad en este mundo y en el otro con su propio deseo."

La palabra "ley" nos muestra que, una vez declarada nuestra fe, los principios de la religión deben aplicarse en nuestra vida como reglas definitivas y que la negligencia se tendrá en cuenta en el juicio divino. Para el adepto, la religión es un sistema vivo cuyas leyes deben complementar la capacidad de la vida diaria del individuo y cuyos resultados deben verse en todos los aspectos de la vida.

Según el Islam, sólo el sistema enviado por Alá[S.W.T] a través de Sus Profetas[A.S] es la verdadera religión. De esta manera, se ha impedido que el hombre se incline ante el hombre, y se ha establecido que todas las personas son una e iguales ante Alá y la superioridad reside sólo en la piedad de un seguidor.

En pocas palabras, la religión es el nombre general de la ley, el orden y el camino divinos revelados por Alá[S.W.T] a sus Profetas, que luego anuncian y difunden el mensaje a la nación, para fortalecer la relación entre Alá[S.W.T] y sus siervos.

EL ORIGEN Y LA PROPAGACIÓN DE LAS RELIGIONES DIVINAS

La fe islámica nos dice que la única fuente divina de todas las religiones reveladas es Alá(S.W.T) a través de Sus Profetas y Mensajeros elegidos. Cada religión manifiesta una verdad fundamental, es decir, no hay más Dios que Alá, y Él es el único que debe ser adorado; pero las leyes y obligaciones pueden ser diferentes según la necesidad y la capacidad intelectual de los seres humanos de esa época, edad o raza. Los Profetas elegidos eran siempre de la comunidad de su residencia para ayudar a probar su credibilidad y asegurar que las directrices divinas fueran percibidas y realizadas correctamente. Todas las religiones venían de Alá(S.W.T), y mientras mantuvieran su perfección, seguían siendo legítimas. Además, cuando se acercaba el momento de la desaparición de un Profeta, siempre guiaba a sus compañeros para que tuvieran fe en el Tawhid y esperaran al siguiente Profeta.

"¡Oh, seres humanos! os he creado a partir de un hombre y de una mujer, y os he congregado en pueblos y tribus para que os reconozcáis los unos a los otros. El mejor de vosotros ante Dios es el de más piedad. Dios todo lo sabe y está bien informado de lo que hacéis."

(Surah Al-Hujurat, V:13)

El método divino de Alá(S.W.T) para enviar a sus Profetas a una comunidad, siempre está alineado con su capacidad mental y sus deseos. Además, los milagros otorgados a los Profetas es el atributo más poderoso entre la población para erradicar las prácticas pecaminosas arraigadas en ellos. Por ejemplo,

- En la época del Profeta Yusuf(A.S), la belleza importaba mucho. La belleza de un individuo inspiraba a la gente. Otra cosa que era importante es la capacidad de interpretar los sueños correctamente. Así que Allah(S.W.T) hizo del Profeta Yusuf(A.S) la persona más bella, así como le dio el conocimiento de la interpretación de los sueños.

- La nación del Profeta Musa(A.S) sobresalía en la magia, por lo que el bastón fue uno de los milagros concedidos al Profeta Musa(A.S). Con ese bastón, derrotó a los magos del Faraón, extrajo agua de la roca, y se abrió camino hacia el mar con el permiso de Allah El Todopoderoso para que Él salvara a los creyentes.

- Allah(S.W.T) le dio al Profeta Sulaiman(A.S) un enorme reino, no sólo en términos de tierra, sino también en el control de los jinn, los animales y los vientos junto con los seres humanos.

- Asimismo, la gente del Profeta Isa(A.S) sobresalía en la medicina, por lo que el Profeta Isa(A.S) curó a los incurables, a los ciegos y a los leprosos, y dio vida a los muertos con el permiso de Alá el Todopoderoso.

- Los árabes sobresalían en la poesía y la retórica, y por ello Alá El Todopoderoso reveló el Qur'an al Profeta Muhammad ﷺ. Fue un milagro que los árabes no fueran capaces de componer ni un solo verso como éste. El Santo Profeta ﷺ mostró numerosos milagros para predicar el Islam a los árabes.

Este sistema de Alá(S.W.T) comenzó desde el Profeta Adán(A.S) (el primer ser humano en la Tierra) y terminó en el último Profeta, el Profeta Muhammad ﷺ, con la religión del Islam, que verifica todos los Profetas anteriores y sus religiones. En el mundo actual, tres grandes ummah (naciones) están presentes como seguidores de las religiones, cuyos Profetas son los descendientes del Profeta Ibrahim/Abraham(A.S). Estas religiones abrahámicas son el judaísmo, el cristianismo y el islam, cuyos seguidores se llaman judíos, cristianos y musulmanes. Aunque hay varias facciones y escuelas de pensamiento en cada religión, sus creencias fundamentales son las mismas.

Todas las religiones Abrahámicas se basan en el monoteísmo (creencia en un solo Dios), y el Islam las llama "El pueblo del Libro" porque todas siguen un Libro divino como guía en sus asuntos religiosos.

ATEÍSMO Y POLITEÍSMO

Las otras religiones y creencias cuyos seguidores son numerosos en el mundo moderno son:

- Ateo; La idea del ateísmo, es decir, sin autoridad divina, aceptada por el taoísmo, el budismo y el ateísmo.
- Hindú; el hinduismo es la única religión importante cuyos seguidores creen en el politeísmo, es decir, adoran a múltiples dioses.

JUDAÍSMO

JUDAÍSMO

ORIGEN

El judaísmo comenzó en el antiguo Israel hace unos 4.000 años. En esta región, el Profeta Ibrahim(A.S) fue el primero en declarar que sólo hay un Dios verdadero. El Profeta Musa(A.S), siglos después, sacó al pueblo judío de la esclavitud en Egipto, lo que supuso un momento decisivo para el judaísmo.

LIBRO

Al Profeta Musa(A.S) se le atribuye la revelación de la Torá, los textos sagrados judíos, que consisten en los cinco libros de Moisés (Profeta Musa(A.S)).

CREENCIAS

Los seguidores del judaísmo son monoteístas y creen que sólo hay un Dios verdadero. Israel es la tierra sagrada del pueblo judío, y se considera un regalo de Dios para ellos, los hijos de Israel. Según la Torá, los creyentes judíos deben vivir una vida de obediencia a Dios; porque la vida misma es un regalo concedido por Dios a sus discípulos (Sanders, 2009). Los seguidores del judaísmo viven de acuerdo con los diez mandamientos revelados al Profeta Musa(A.S) por Alá(S.W.T) en el Monte Sinaí. Estos mandamientos describen las instrucciones para vivir la vida según Dios.

RITUALES Y PRÁCTICAS

El judaísmo tiene muchos rituales y prácticas que los seguidores de la fe llevan a cabo. El pueblo judío tiene leyes dietéticas estrictas que se originan en la Torá, llamadas leyes Kosher. El objetivo de estas leyes no es la preocupación por la salud, sino la santidad. Algunos ejemplos de alimentos prohibidos son la carne de cerdo, liebre, camello y avestruz, y los mariscos crustáceos y moluscos. Además, se prohíbe el consumo de ciertos grupos de alimentos cuando se combinan, como la carne y los lácteos (Tieman y Hassan, 2015).

Los seguidores judíos también realizan múltiples oraciones cada día, reafirmando y demostrando su amor recíproco con Dios. En el mundo moderno, la mayoría de los judíos habitan en Estados Unidos e Israel.

CRISTIANIDAD

CRISTIANIDAD

ORIGEN

El cristianismo comenzó aproximadamente en el año 35 de la era cristiana -es decir, la fecha de la crucifixión- en la zona de Oriente Medio que ahora se conoce como Israel. El cristianismo comenzó con el reconocimiento de la santidad del Profeta Isa/Jesús[A.S]. No estaba satisfecho con la alteración del judaísmo y se encargó de buscar una conexión más fuerte con la palabra de Dios tal y como la definieron los Profetas anteriores. Así, el cristianismo se desarrolló inicialmente como una secta del judaísmo. Se convirtió en una religión distinta a medida que Jesús desarrollaba un mayor número de seguidores que creían que era el hijo de Dios. La crucifixión de Jesús fue la primera de las muchas pruebas de fe de los cristianos (Guy, 2004). Sin embargo, según la creencia islámica, el Profeta Isa[A.S] era uno de los profetas de Alá, no un hijo de Dios. No fue crucificado, sino elevado a los cielos, para regresar cerca del Día del Juicio Final para eliminar todas las falsas creencias.

Con la división del Imperio Romano en Oriente y Occidente, surgió una división dentro del cristianismo entre la ortodoxia oriental y el catolicismo romano. Durante la Reforma Protestante, se produjo una segunda división cuando surgieron sectas protestantes que desafiaron la autoridad de la Iglesia Católica y del Papado para ser intermediarios entre Dios y los creyentes cristianos.

CREENCIAS

En el fondo, ser cristiano es creer en la trinidad del padre, el hijo y el espíritu santo como un solo Dios: El Dios del amor. Dios permitió que su único hijo fuera sacrificado en la crucifixión para compensar sus pecados por amor a la humanidad. Los cristianos son exhortados a amar a Dios y a amar a su prójimo y a sus enemigos "como a sí mismos". Creen en el amor de Dios por todas las cosas, tienen fe en que Dios vela por ellos en todo momento y en que Jesús, el hijo de Dios, volverá cuando el mundo esté preparado. Jesús es el ejemplo de la religión, demostrando cómo ser un cristiano correcto. En la fe cristiana, la teodicea, o la forma en que el cristianismo explica por qué Dios permite que le ocurran cosas malas a la gente buena, se muestra a través de la fe en Jesús. Si los creyentes siguen los pasos de Jesús, tendrán acceso al cielo. Los sucesos desafortunados son actos de Dios que ponen a prueba la fe de sus seguidores. Por eso, al mantener la fe en el amor de Dios, los cristianos son capaces de seguir adelante con sus vidas cuando se enfrentan a la tragedia, la injusticia y el sufrimiento.

LIBRO

La Biblia cristiana está compuesta por el Antiguo Testamento y el Nuevo Testamento. El Antiguo Testamento data de cientos de años antes de la hora de Cristo. El Nuevo Testamento data de la hora de Cristo, o de cientos de años a partir de ese momento. Los libros centrales de la Biblia para los cristianos son los Evangelios.

RITUALES Y PRÁCTICAS

Hay muchos rituales y prácticas que son fundamentales para el cristianismo, conocidos como los sacramentos. Por ejemplo, el sacramento del bautismo implica el lavado literal de la persona con agua para representar la limpieza de sus pecados. Hoy en día, el ritual del bautismo se ha vuelto menos común; sin embargo, históricamente el proceso del bautismo se consideraba un rito integral para bautizar al individuo y limpiar su pecado ancestral u original (Hanegraaff, 2009). Otros sacramentos son la eucaristía (o comunión), la confirmación, la penitencia, la unción de los enfermos, el matrimonio y el orden. Sin embargo, no todas las sectas del cristianismo los siguen.

Una de las cualidades y prácticas fundamentales del cristianismo es el cuidado de los pobres y desfavorecidos. Jesús, que era un hombre pobre, alimentó y cuidó a los pobres, demostrando que se preocupaba por todos, por lo que se le considera un ejemplo de moralidad (Dunn, 2003). Las iglesias cristianas son a menudo instituciones que demuestran cómo seguir a Jesús, dirigiendo organizaciones benéficas y bancos de alimentos, y alojando a los sin techo y a los enfermos.

ISLAM

ISLAM

ORIGEN

Originario de Arabia, el Islam es una religión monoteísta que se desarrolló aproximadamente en el año 600 de la era cristiana. Durante esta época, la sociedad de La Meca estaba en plena efervescencia. El lugar de nacimiento del Profeta Muhammad ﷺ fue La Meca. Pertenecía al clan Banu Hashim de la tribu Quraish y era descendiente del hijo del Profeta Ibrahim[A.S], el Profeta Ismael[A.S]. Entre el Profeta Musa[A.S] y el Profeta Isa[A.S], todos los Profetas son de Bani Israel, es decir, son los descendientes del Profeta Yaqoob[A.S], y no hubo ningún Profeta entre el Profeta Ismael[A.S] y el Profeta Muhammad ﷺ. El Profeta Muhammad ﷺ recibió los versos del Corán directamente del Ángel Jibrael[A.S] durante un período de oración aislada en el Monte Hira. Después de inmensas luchas y de predicar el Islam durante veintitrés años, desarrolló un grupo de seguidores que finalmente unieron Arabia en un solo estado y fe contra los paganos politeístas. Los seguidores de la fe islámica se denominan musulmanes.

LIBRO

El Corán es el texto religioso central del Islam, que los musulmanes consideran una revelación de un Dios, Alá(S.W.T). Está considerado como la mejor obra de la literatura árabe clásica y está organizado en 114 suras (capítulos), formadas por ayats (versos). Los musulmanes creen que el Corán fue revelado oralmente por Alá(S.W.T) al último Profeta, el Profeta Muhammad ﷺ, a través del ángel Jibrael(A.S), de forma incremental durante un periodo de 23 años, comenzando en el mes de Ramadán. Los musulmanes consideran el Corán como el milagro más importante del Profeta, una prueba de su condición de Profeta y la conclusión de una serie de mensajes divinos revelados previamente a los Profetas, como la Tawrah (Torá), el Zabur ("Salmos") y el Injil ("Evangelio/Biblia"). El Corán se describe a sí mismo como Al-Kitab (el Libro), Al-Furqan (el discernimiento), Umm al-Kitab (el libro madre), Al-Huda (la guía), Al-hikmah (la sabiduría), Dhikr (el recuerdo) y Tanzil (la revelación; algo enviado).

CREENCIAS

Las Seis Creencias del Islam son las creencias fundamentales que todo musulmán considera verdaderas.

- Tawhid - La creencia en la unicidad de Alá
- Malaika - La creencia en la existencia de los ángeles de Alá
- La creencia en los libros sagrados de Alá; Zabur, Torá, Evangelio/Biblia y el Corán
- Nubuwwah y Risalah - Creer en todos los Profetas de Alá, desde el Profeta Adán[A.S] to Prophet Mohammed ﷺ
- Creer en el día del juicio; llegará un día en el que todos los humanos que haya existido será juzgado por Alá por sus acciones en su vida en la tierra.
- La creencia en la predestinación (destino/decreto divino): la idea de que Alá lo sabe todo.

RITUALES Y PRÁCTICAS

El Islam establece cinco pilares que hay que mantener para ser un musulmán práctico:

1. Shahadah; Shahadah; que afirma que no hay más Dios que Alá, y El Profeta Muhammad ﷺ es el siervo y mensajero sumiso de Dios
2. Salah; Oración cinco veces al día
3. Zakah; Ayuda financiera para los musulmanes pobres
4. Ayuno; Participación en el ayuno de un mes durante el Ramadán, el 9º mes del calendario islámico
5. Hajj; Hajj; Realización de una peregrinación a la Meca al menos una vez en la vida si uno puede permitírselo.

¿CÓMO EL ISLAM ES LA VERDADERA RELIGIÓN?

Hasta ahora, hemos aprendido que las religiones abrahámicas se propagaron con el tiempo, y numerosos Profetas vinieron a entregar el mismo mensaje fundamental del Tawhid. Pero surge la pregunta, por qué se detuvo en el Islam y por qué Allah(S.W.T) terminó esta cadena de profecía en el Profeta Muhammad ﷺ.

En primer lugar, tenemos que entender por qué surgió la necesidad de nuevos Mensajeros y Profetas cuando su mensaje era el mismo. ¿Cuál es la razón principal de revelar una religión nueva pero similar?

La respuesta más significativa a esta pregunta es la "adulteración de la verdad" por parte de la nación. Desde el momento de la desaparición del Profeta hasta la llegada del siguiente, la verdad divina fue finalmente corrompida por la gente para sus ganancias mundanas. Anteriormente, el deber de custodiar la verdad solía recaer en la ummah del Profeta, pero ese no es el caso del Islam.

En primer lugar, Alá(S.W.T) se encargó de proteger la originalidad del Corán hasta el Día del Juicio Final. Esta es la prueba viviente de que después de más de catorce años de su revelación, el texto del Corán sigue siendo el mismo que antes. En segundo lugar, la vida del último Mensajero, el Profeta Muhammad ﷺ, es una guía para toda la humanidad hasta el Día del Juicio Final. El Santo

Profeta ﷺ pasó toda la vida como un hombre común, pero sus enseñanzas y decisiones son un monumento a seguir en todas las dimensiones de la vida. Como dijo Alá(S.W.T) en el Corán,

"Ciertamente, en el Mensajero de Al-lah hay un buen ejemplo para todo aquel que espera el encuentro con su Señor y el Último Día (con temor y anhelo) y glorifica mucho a Al-lah." (Surah Al-Ahzab, 21)

Para que una religión sea compatible con el mundo contemporáneo, sus enseñanzas y leyes deben ser válidas y comprensibles para todos. El Islam brilla en todos los aspectos del mundo actual. De todas las religiones, el islam es la única que se somete a la configuración social completa en lugar de limitarse al tema de la religión. La Sharia' islámica, que se basa en las enseñanzas del Corán y las tradiciones del Profeta Muhammad ﷺ (Hadith y Sunna), no se limita a la religión, sino que también enseña a establecer relaciones públicas, tratos políticos, justicia, administración, ejército, matrimonio, divorcio, paz, guerra, deuda, intereses, caridad, etc. que se consideran tan necesarios como la obligación de las normas religiosas. El Islam es una religión para todos; es la manifestación más completa de la verdad y proporciona un camino recto y un equilibrio perfecto.

Tras una cuidadosa comparación del Islam con otras religiones, llegaremos a saber que el mundo también ha sufrido la unilateralidad de muchas religiones e ideologías. Algunas han enfatizado el lado material de la vida y han ignorado los aspectos espirituales, mientras que otras veían el mundo como una ilusión, un engaño y una trampa. El Islam, sin embargo, tiene un punto de vista diferente; difumina la línea entre los deseos materiales/mundo y las obligaciones morales/espirituales. El islam no nos prohíbe comer alimentos deliciosos; nos impide un número limitado de alimentos haram y nos permite disfrutar de todos los demás halal. No obliga a las personas a permanecer solteras para alcanzar un alto estatus espiritual; en cambio, es muy deseable en el Islam casarse y disfrutar de la vida familiar y otras relaciones. El núcleo del Islam enseña que los poderes morales y materiales deben unirse para fortalecer la fe. La salvación espiritual puede lograrse utilizando los recursos materiales para el bien de la humanidad y no llevando una vida de abnegación o huyendo de las alegrías de este mundo.

Así pues, las características excepcionales del islam destacan como la religión de la humanidad, la religión de hoy y la religión del mañana. El islam se perfila como la religión de más rápido crecimiento en el mundo.

Estos aspectos han conquistado los corazones de cientos de miles de personas en el pasado y en el presente y les han hecho afirmar que el Islam es la religión de la verdad y el camino recto para la humanidad y seguirá fascinando en el futuro. Nuestro único deber es estudiar el Islam y poner en práctica sus enseñanzas en nuestras vidas, ya que es la única manera de conocer la verdad de este Universo.

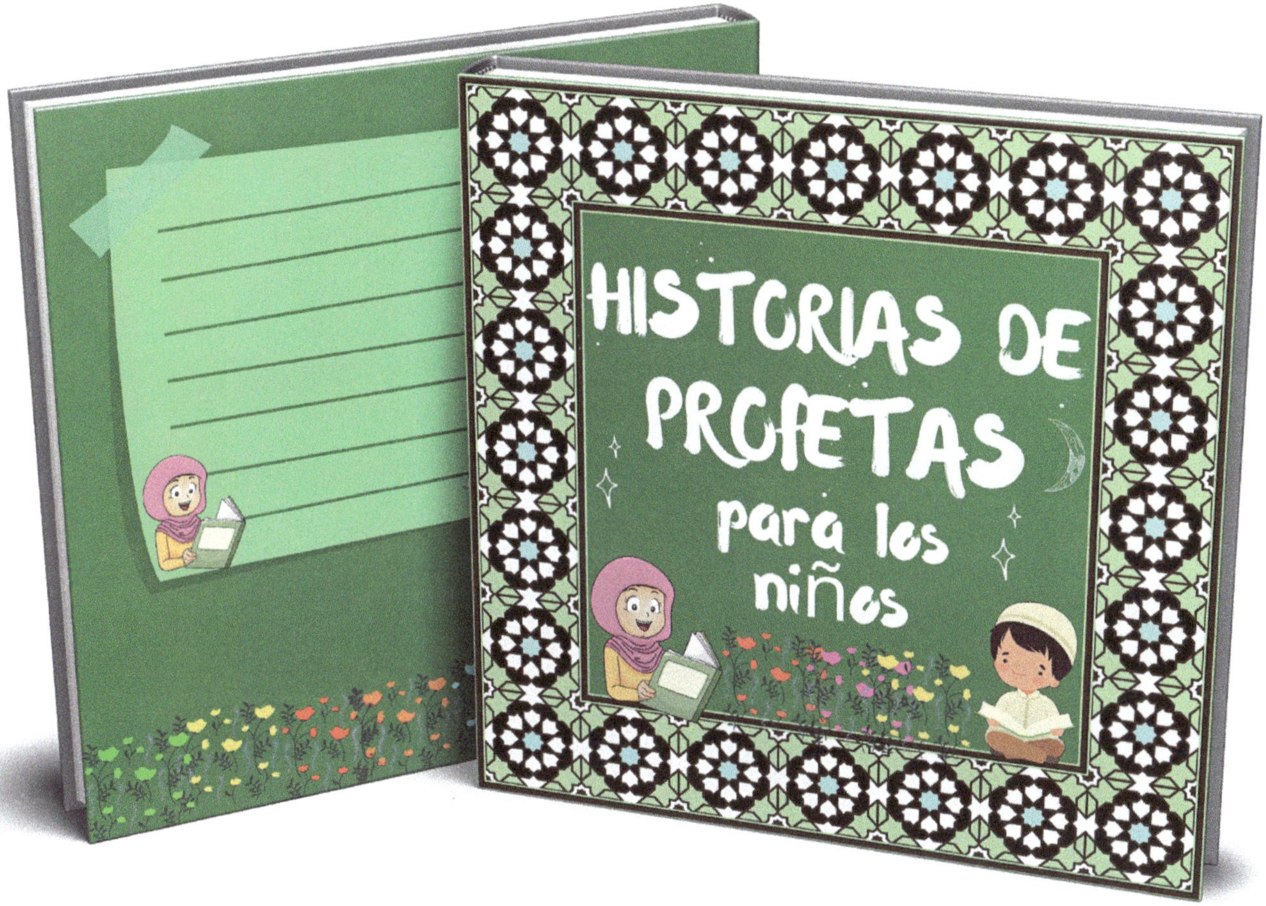

ISBN 978-1-990544-56-9

*Buscar el ISBN en el sitio web del minorista

Páginas en Color de alta calidad con Tapa Dura

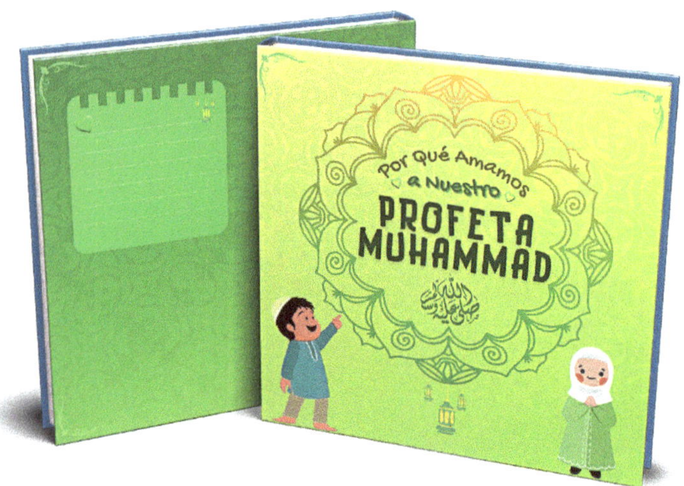

ISBN   978-1-990544-58-3

ISBN   978-1-990544-57-6

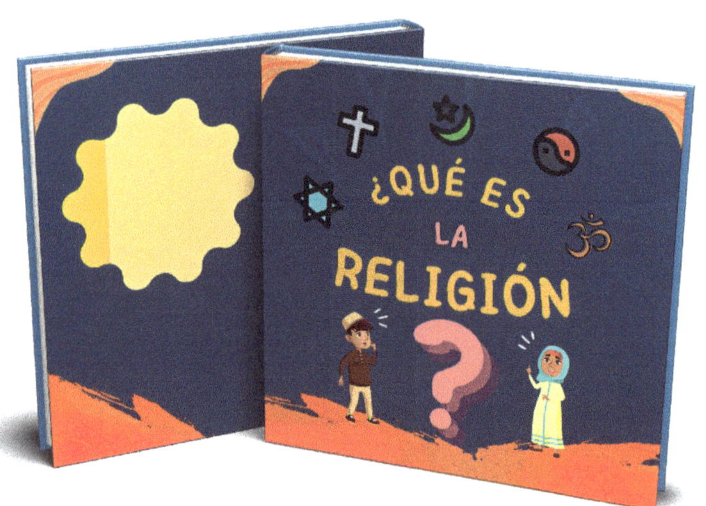

ISBN   978-1-990544-60-6

ISBN   978-1-990544-59-0

*Buscar el ISBN en el sitio web del minorista

ISBN 978-1-990544-58-3 Por Qué Amamos a Nuestro Profeta Muhammad ﷺ ?

Este libro, bellamente diseñado, difunde el aroma del Amor y la Compasión mostrados por el Santo Profeta ﷺ mediante sus enseñanzas y acciones. Su misericordia abarca a todos; es decir, a los niños, a los sirvientes, a los pobres, a los animales y a los pájaros, y especialmente a su Ummah (Nación Musulmana). Los niños también conocerán cómo devolver el amor al Mensajero de Alá ﷺ por su inmenso sacrificio y lucha por la difusión del Islam, y cómo extender la empatía a nuestro alrededor.

ISBN 978-1-990544-57-6 Ángeles & Jinn; ¿Quiénes son?

Los niños musulmanes se preguntan a menudo por el concepto de ángeles y jinn.
¿Son reales o es sólo un mito? ¿Cuándo y por qué fueron creados? ¿Son más poderosos y grandes que los seres humanos? ¿Cómo pueden ayudarnos o perjudicarnos?
Este libro bellamente diseñado responde a toda la curiosidad de los niños sobre la realidad de los ángeles y los jinn. Los niños aprenderán las creencias islámicas sobre ellas y explorarán el universo invisible de Alá (S.W.T) que nos rodea.

ISBN 978-1-990544-60-6 ¿Qué es la Religión?

Los niños musulmanes se preguntan a menudo sobre las religiones en el mundo moderno de hoy.
¿Cuáles son las diferencias entre los seguidores? ¿Cómo se formaron y difundieron? ¿Por qué Alá el Todopoderoso envió numerosos Profetas y Mensajeros? Cuál es la singularidad y autenticidad del Islam y del Profeta Muhammad ﷺ ?
Este libro, bellamente diseñado, responde a toda la curiosidad de los niños sobre las distintas religiones y ayuda a los padres a explicar el concepto y la autenticidad de la última religión verdadera: el Islam.

ISBN 978-1-990544-59-0 Los Cuatro Grandes Califas Rashidun del Islam

La historia de la vida de cuatro grandes Compañeros del Profeta Muhammad ﷺ
Este libro bellamente diseñado explica a los niños sobre las grandes enseñanzas del Profeta Muhammad ﷺ a sus Compañeros (R.A) que transformaron completamente su mentalidad, y más tarde cómo pusieron en práctica estas enseñanzas para inspirar a los amigos y a los enemigos en conjunto.
Aprenda cómo estos cuatro califas rectos se convirtieron en un faro de liderazgo y establecieron el concepto de estado de bienestar para el mundo contemporáneo.

***Buscar el ISBN en el sitio web del minorista**

www.ingramcontent.com/pod-product-compliance
Lightning Source LLC
Chambersburg PA
CBHW040230080726
47818CB00011B/244